lekòl - l'école	2
vwayaj - le voyage	5
transpò - le transport	8
lavil - la ville	10
peyizaj - le paysage	14
restoran - le restaurant	17
makèt - le supermarché	20
bwason yo - les boissons	22
manje - les aliments	23
fèm agrikòl - la ferme	27
kay - la maison	31
salon - la salle de séjour	33
kwizin - la cuisine	35
sal de ben - la salle de bains	38
chanm timoun - la chambre d'enfant	42
rad - les vêtements	44
biwo - le bureau	49
ekonomi - l'économie	51
pwofesyon yo - les professions	53
zouti yo - les outils	56
enstriman mizik yo - les instruments de musique	57
zoo - le zoo	59
espò yo - les sports	62
aktivite yo - les activités	63
fanmi - la famille	67
kò - le corps	68
lopital - l'hôpital	72
ijans - l'urgence	76
latè - la Terre	77
lè - l'heure	79
semèn nan - la semaine	80
ane - l'année	81
fòm yo - les formes	83
koulè yo - les couleurs	84
kontrè yo - les opposés	85
chif yo - les nombres	88
lang yo - les langues	90
kiyès / kisa / kijan - qui / quoi / comment	91
kibò - où	92

Impressum
Verlag: BABADADA GmbH, Nedderfeld 112 , 22529 Hamburg
Geschäftsführer / Verlagsleitung: Harald Hof
Druck: Books on Demand GmbH, In de Tarpen 42, 22848 Norderstedt

Imprint
Publisher: BABADADA GmbH, Nedderfeld 112 , 22529 Hamburg, Germany
Managing Director / Publishing direction: Harald Hof
Print: Books on Demand GmbH, In de Tarpen 42, 22848 Norderstedt

lekòl
l'école

- salklas / la salle de classe
- divize / diviser
- planch / le tableau
- lakou lekòl la / la cour d'école
- pwofesè / l'enseignant
- papye / le papier
- ekri / écrire
- plim / le stylo
- biwo / le bureau de travail
- règ / la règle
- liv / le livre
- elèv / l'écolier

ti valiz
le sac d'écolier

bwat kreyon
la trousse

kreyon
le crayon

tay Kreyon
le taille-crayon

kaoutchou
la gomme à effacer

kanè desen
le bloc de papier à dessin

desen
le dessin

penso
le pinceau

bwat penti
la boîte de peintures

sizo
les ciseaux

lakòl
la colle

liv egzèsis
le cahier d'exercices

devwa
les devoirs

nimewo
le chiffre

adisyone
additionner

soustrè
soustraire

miltipliye
multiplier

kalkile
calculer

lèt
la lettre

alfabè
l'alphabet

mo
le mot

lekòl - l'école

tèks le texte	li lire	lakrè la craie

leson la leçon	kaye nòt le cahier de notes	egzamen l'examen

sètifika le certificat	inifòm lekòl la l'uniforme scolaire	edikasyon l'éducation

ansiklopedi l'encyclopédie	inivèsite l'université	mikwoskòp le microscope
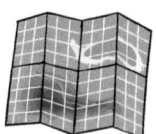		
kat jeyografik la carte	poubèl papye la corbeille à papier	

lekòl - l'école

vwayaj
le voyage

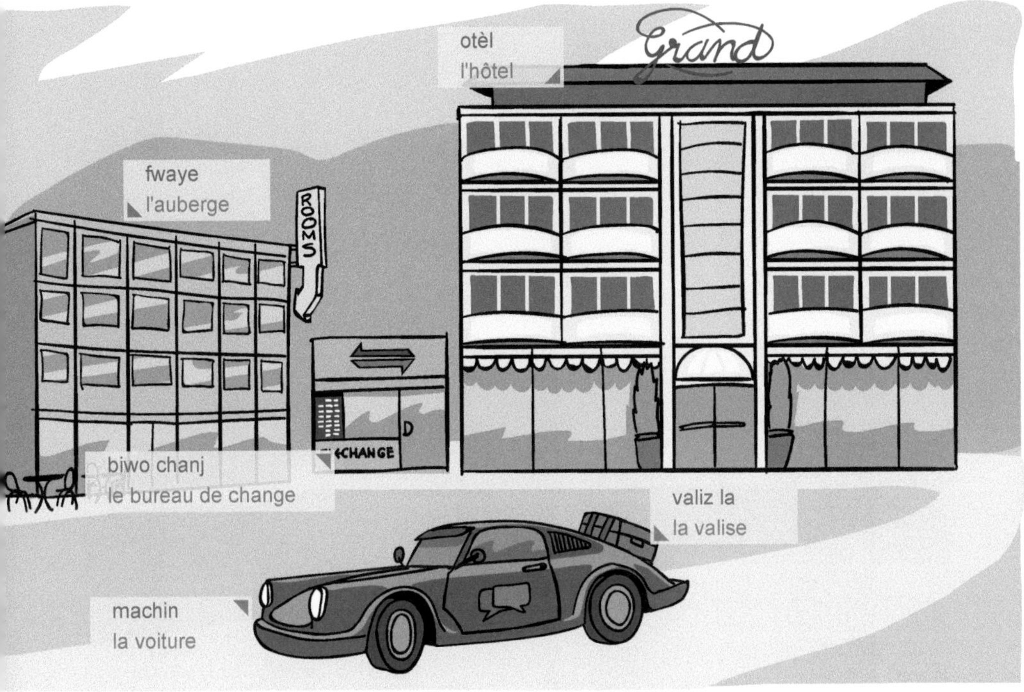

otèl
l'hôtel
Grand
fwaye
l'auberge
ROOMS
EXCHANGE
biwo chanj
le bureau de change
valiz la
la valise
machin
la voiture

lang
....
la langue

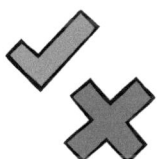

wi / non
....
oui / non

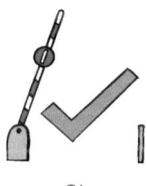

Ok
....
Okay

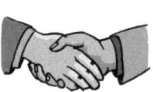

bonjou
....
Allo!

tradiktè
....
le traducteur

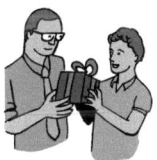

Mèsi
....
Merci

konbyen sa koute ...?

Combien coûte...?

Mwen pa konprann

Je ne comprends pas

pwoblèm

le problème

Bonswa!

Bonsoir !

Bonjou!

Bonjour !

Bòn nwi!

Bonne nuit !

orevwa

bye bye

direksyon

la direction

bagaj

les bagages

valiz

le sac

valiz pou do

le sac à dos

envite

l'invité

chanm

la pièce

sak pou dòmi

le sac de couchage

tant

la tente

vwayaj - le voyage

enfòmasyon pou touris

le bureau d'information touristique

plaj

la plage

kat kredi

la carte de crédit

manje maten

le déjeuner

dejene

le dîner

dine

le souper

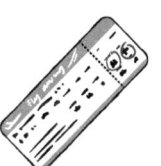

Tikè a

le billet

asansè

l'ascenseur

temb

le timbre

fwontyè a

la frontière

la dwàn

la douane

anbasad

l'ambassade

viza

le visa

paspò

le passeport

vwayaj - le voyage

transpò
le transport

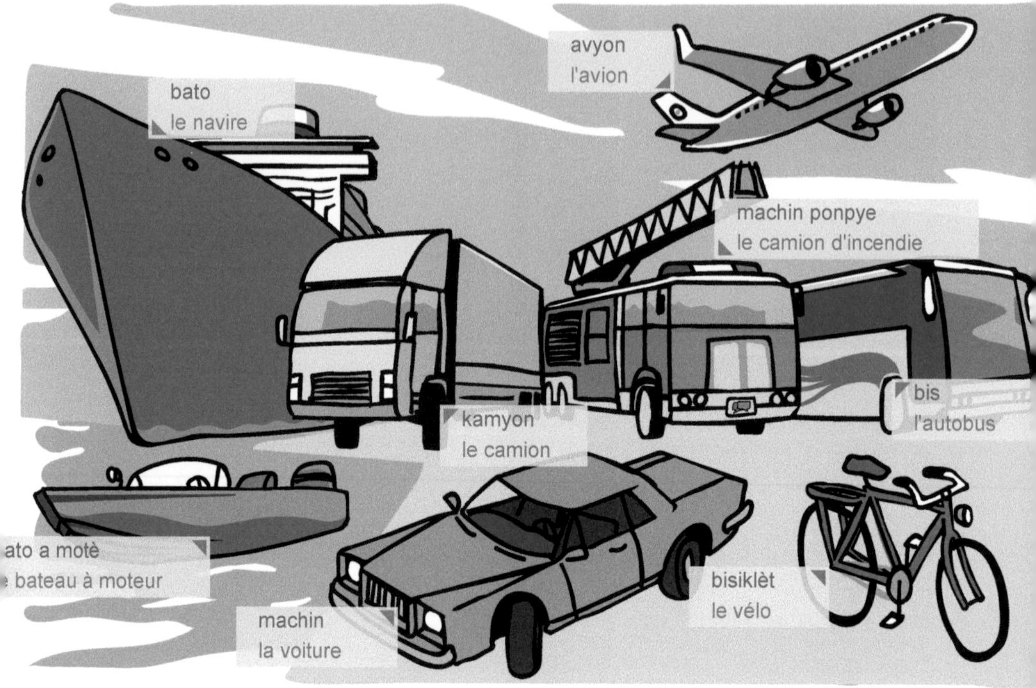

avyon
l'avion

bato
le navire

machin ponpye
le camion d'incendie

kamyon
le camion

bis
l'autobus

bato a motè
bateau à moteur

machin
la voiture

bisiklèt
le vélo

bato
le traversier

kannòt
le bateau

motosiklèt
la motocyclette

machin polis
la voiture de police

machin kous
la voiture de course

machin lokasyon
la voiture de location

pataj machin
l'autopartage

machin remòke
la dépanneuse

machin fatra
le camion à ordures

motè
le moteur

gaz
le carburant

estasyon gaz
la station-service

pano endikatè
le panneau de signalisation

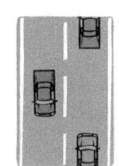

trafik
la circulation

blokis trafik
l'embouteillage

pakin
le parc de stationnement

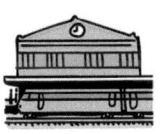

estasyon tren
la gare

ray tren
les voies ferrées

tren an
le train

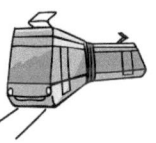

tram
le tramway

wagon
le wagon

transpò - le transport

elikoptè
l'hélicoptère

ayewopò
l'aéroport

tou
la tour

pasaje
le passager

resipyan
le conteneur

bwat katon
la boîte en carton

charyo
le chariot

poubèl
le panier

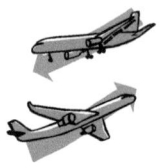

dekole / ateri
décoller / atterrir

lavil
la ville

vilaj
le village

sant vil la
le centre-ville

kay
la maison

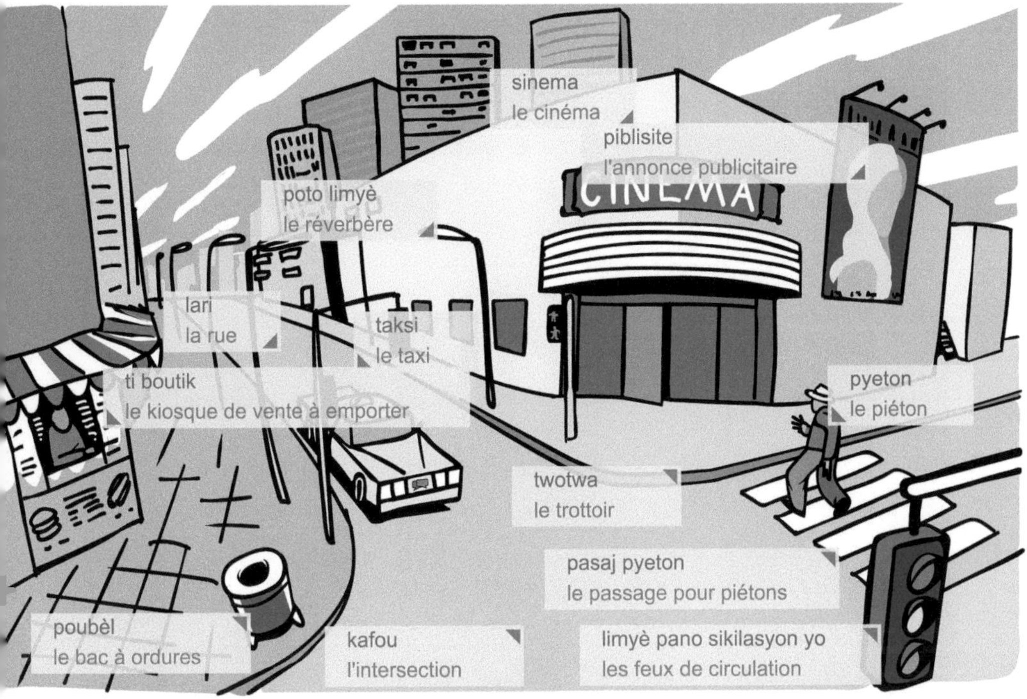

sinema
le cinéma

piblisite
l'annonce publicitaire

poto limyè
le réverbère

lari
la rue

taksi
le taxi

ti boutik
le kiosque de vente à emporter

pyeton
le piéton

twotwa
le trottoir

pasaj pyeton
le passage pour piétons

poubèl
le bac à ordures

kafou
l'intersection

limyè pano sikilasyon yo
les feux de circulation

ajoupa
la cabane

apatman
l'appartement

estasyon tren
la gare

meri
l'hôtel de ville

mize
le musée

lekòl
l'école

lavil - la ville

invèsite

l'université

bank

la banque

lopital

l'hôpital

otèl

l'hôtel

famasi

la pharmacie

biwo

le bureau

magazen liv

la librairie

boutik

le magasin

machann flè

le fleuriste

makèt

le supermarché

mache a

le marché

magazen

le grand magasin

kote yo vann pwason

la poissonnerie

sant komèsyal yo

le centre commercial

pò

le port

lavil - la ville

pak
le parc

bank
le banc

pon
le pont

eskalye
les escaliers

anba tè
le métro

tinèl la
le tunnel

stasyon bis
l'arrêt d'autobus

ba
le bar

restoran
le restaurant

bwat postal
la boîte à lettres

pano afichaj
la plaque de rue

aparèy pakmèt
le parcomètre

zoo
le zoo

pisin
les bains publics

moske
la mosquée

lavil - la ville

fèm agrikòl
la ferme

polisyon
la pollution

simityè
le cimetière

legliz
l'église

lakou rekreyasyon
l'aire de jeux

tanp
le temple

peyizaj
le paysage

- fèy / la feuille
- pano endikatè / le panneau indicateur
- chemen / le chemin
- preri / le pré
- wòch / la pierre
- pyebwa / l'arbre
- vwayajè / le randonneur
- rivyè / la rivière
- zèb / l'herbe
- flè / la fleur

lavale la vallée	mòn la colline	lak le lac
	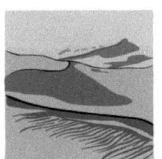	
forè la forêt	dezè le désert	vòlkan le volcan

chato le château	lakansyèl l'arc-en-ciel	djondjon le champignon

pye palmis le palmier	moustik le moustique	vole la mouche

foumi la fourmi	gèp l'abeille	zaryen l'araignée

peyizaj - le paysage

skarabe
le scarabée

krapo
la grenouille

ekirèy
l'écureuil

lerison an
le hérisson

lapen
le lièvre

chwèt
la chouette

zwazo
l'oiseau

siy
le cygne

sangliye
le sanglier

sèf
le cerf

elan
l'original

baraj
le barrage

tibin van
l'éolienne

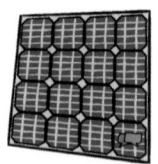

pano solèy
le panneau solaire

klima
le climat

peyizaj - le paysage

restoran
le restaurant

sèvè — le serveur
meni — le menu
chèz — la chaise
pitza — la pizza
soup — la soupe
nap — la nappe
kouvè — la coutellerie

asyèt
les hors-d'œuvre

pla prensipal
le plat principal

desè
le dessert

bwason yo
les boissons

manje
les aliments

boutèy
la bouteille

fast-food
la restauration rapide

manje nan lari
la cuisine de rue

kafetyè
la théière

bòl sik
le sucrier

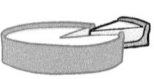

pòsyon
la part

machin ekspreso
la machine à expresso

chèz wo
la chaise haute d'enfant

bòdwo
la facture

plato
le plateau

kouto
le couteau

fouchèt
la fourchette

kiyè
la cuillère

ti kiyè kafe
la cuillère à thé

sèvyèt pou tab
la serviette

vè
le verre

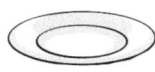

asyèt
l'assiette

asyèt pou soup
l'assiette creuse

sokoup
la soucoupe

sòs
la sauce

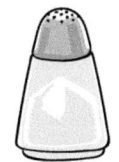

boutèy sèl fen
la salière

moulen pwav
le moulin à poivre

vinèg
le vinaigre

lwil
l'huile

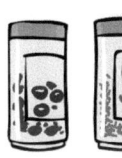

epis
les épices

sòs tomat
le ketchup

moutad
la moutarde

mayonèz
la mayonnaise

restoran - le restaurant

makèt

le supermarché

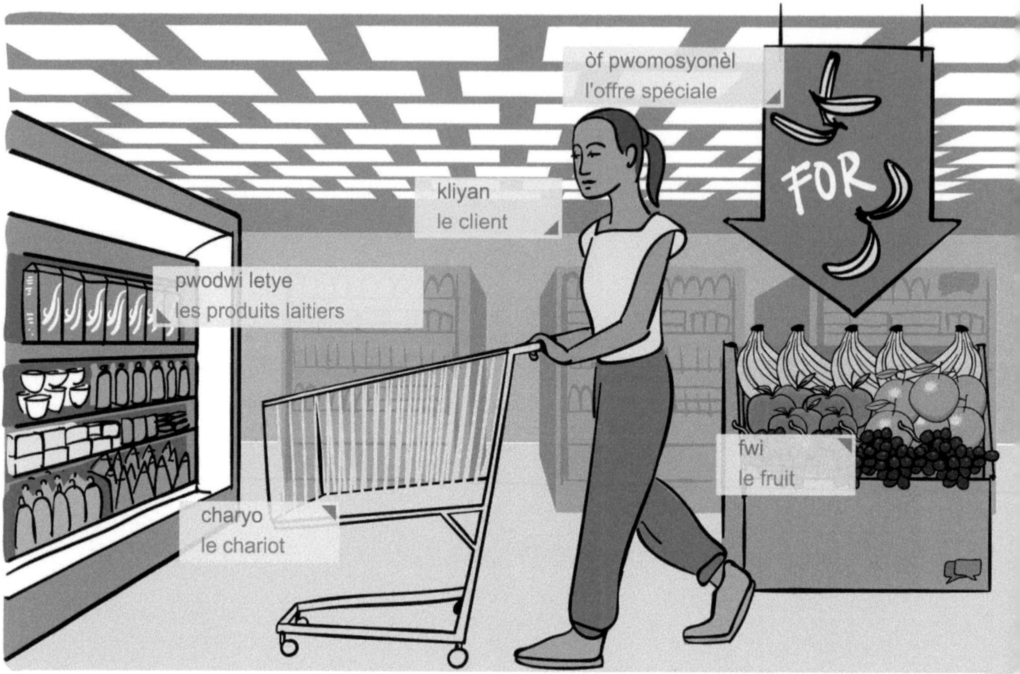

òf pwomosyonèl
l'offre spéciale
FOR
kliyan
le client
pwodwi letye
les produits laitiers
fwi
le fruit
charyo
le chariot

BUTCHERS

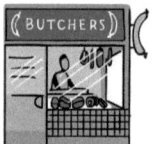

bouche

la boucherie

BAKERY

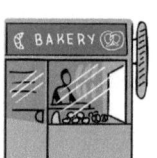

boulanje

la boulangerie

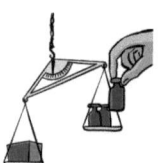

peze

peser

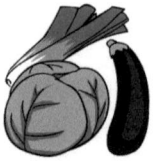

legim yo

les légumes

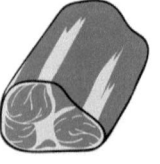

vyann

la viande

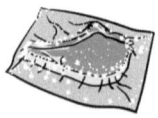

manje nan frizè

les aliments congelés

vyann fime

les viandes froides

bwat konsèv

les conserves

savon

le détergent à lessive en poudre

sirèt yo

les sucreries

atik nan kay la

les produits d'entretien ménager

pwodwi netwayaj

les produits d'entretien

vandè

la vendeuse

kès

la caisse

kesye

le caissier

lis acha

la liste de provisions

lè fonksyònman

les heures d'ouverture

bous

le portefeuille

kat kredi

la carte de crédit

sak

le sac

sak plastik la

le sac plastique

makèt - le supermarché

bwason yo
les boissons

dlo
l'eau

ji fwi
le jus

lèt
le lait

koka
le cola

diven
le vin

byè
la bière

alkòl
l'alcool

chokola
le cacao

te
le thé

kafe
le café

ekspreso
l'expresso

cappucino
le cappuccino

manje
les aliments

bannann
la banane

pòm
la pomme

zoranj
l'orange

melon
le melon d'eau

sitwon
le citron.

kawòt
la carotte

lay
l'ail

banbou
le bambou

zonyon
l'oignon

djondjon
le champignon

nwa
les noix

vèmisèl
les nouilles

espageti
les spaghettis

diri
le riz

salad
la salade

pòmdetè fri
les frites

pòmdetè fri
les pommes de terre sautées

pitza
la pizza

anmbègè
le hamburger

sandwich
le sandwich

filè
l'escalope

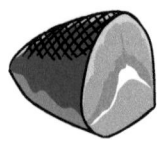

janbon
le jambon

salami
le salami

sosis
la saucisse

poul
le poulet

boukannen
le rôti

pwason
le poisson

manje - les aliments

avwàn
le gruau d'avoine

muzli la
le muesli

cornflakes
les flocons de maïs

farin
la farine

kwasan
le croissant

ti pen
le petit pain

peny
le pain

pen griye
la rôtie

biskwit yo
les biscuits

bè
le beurre

krèm fwomaj blan
le caillé

gato
le gâteau

ze
l'œuf

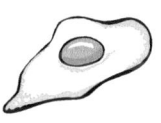

ze fri
l'œuf miroir

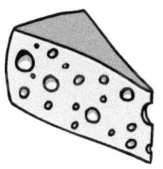

fwomaj
le fromage

manje - les aliments

krèm ala glas

la crème glacée

sik

le sucre

myèl

le miel

konfiti

la confiture

krèm chokola

la crème de nougat

curry

le cari

manje - les aliments

fèm agrikòl
la ferme

kay fèm / la ferme
etab / la grange
bal pay / le ballot de paille
jaden / le champ
cheval / le cheval
trelè / la remorque
ti cheval / le poulain
traktè / le tracteur
bourik / l'âne
mouton / le mouton
ti mouton an / l'agneau

kabrit
la chèvre

bèf
la vache

ti bèf la
le veau

kochon
le porc

ti kochon
le porcelet

towo bèf
le taureau

zwa
l'oie

kana
le canard

ti poul la
le poussin

manman poul la
la poule

kòk
le coq

rat
le rat

chat
le chat

sourit
la souris

bèf
le bœuf

chen
le chien

kay chen
la niche

tiyo jaden an
le tuyau d'arrosage

awozwa
l'arrosoir

lam fochez
la faux

chari
la charrue

fèm agrikòl - la ferme

kouto digo
la faucille

pikwa
la binette

fouch
la fourche à foin

rach
la hache

brouèt
la brouette

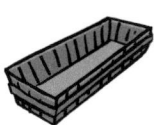
tank
l'auge

po pou lèt
le pot à lait

sak
le grand sac

kloti
la clôture

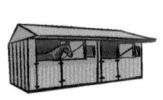
etab
l'écurie

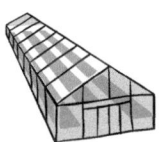
efè rechofman
la serre

tè
le sol

grenn
les graines

angrè
l'engrais

machin agrikòl
la moissonneuse-batteuse

fèm agrikòl - la ferme

rekòlte
récolter

rekòt
la récolte

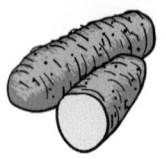

yanm
l'igname

ble
le blé

soja
le soja

pòmdetè
la pomme de terre

mayi
le maïs

kolza
la graine de colza

pyebwa ki donnen
l'arbre fruitier

manyòk
le manioc

sereyal yo
les grains

fèm agrikòl - la ferme

kay
la maison

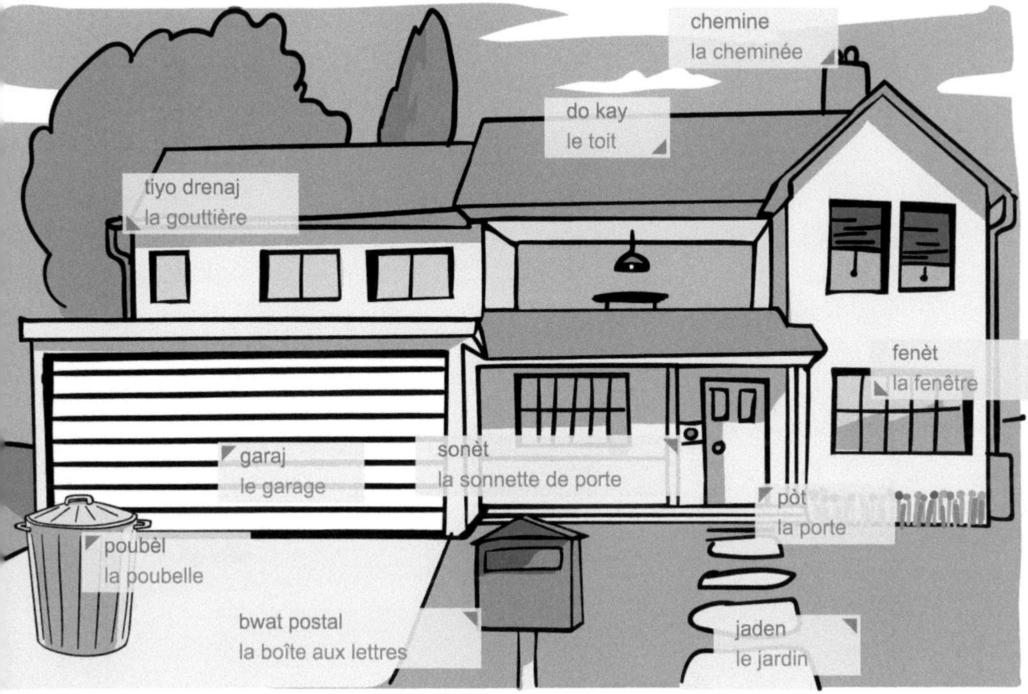

chemine
la cheminée

do kay
le toit

tiyo drenaj
la gouttière

fenèt
la fenêtre

garaj
le garage

sonèt
la sonnette de porte

pòt
la porte

poubèl
la poubelle

bwat postal
la boîte aux lettres

jaden
le jardin

salon
la salle de séjour

sal de ben
la salle de bains

kwizin
la cuisine

chanm
la chambre à coucher

chanm timoun
la chambre d'enfant

sal a manje
la salle à manger

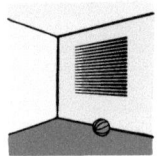

etaj
le plancher

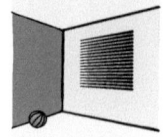

mi
le mur

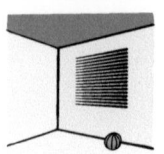

plafon
le plafond

kav
le cellier

sona
le sauna

balkon
le balcon

teras la
la terrasse

pisin
la piscine

tondèz pou gazon
la tondeuse à gazon

fèy
le drap

dra
le jeté de lit

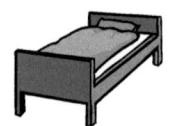

kabann
le lit

bale
le balai

bokit
le seau

entèriptè
l'interrupteur

kay - la maison

salon
la salle de séjour

imaj / le papier peint
foto / le tableau
lanp / la lampe
etajè / l'étagère
amwa / l'armoire
chemine / le foyer
televizyon / la télévision
flè / la fleur
kousen / le coussin
vaz / le vase
sofa / le sofa
remote kontwòl / la télécommande

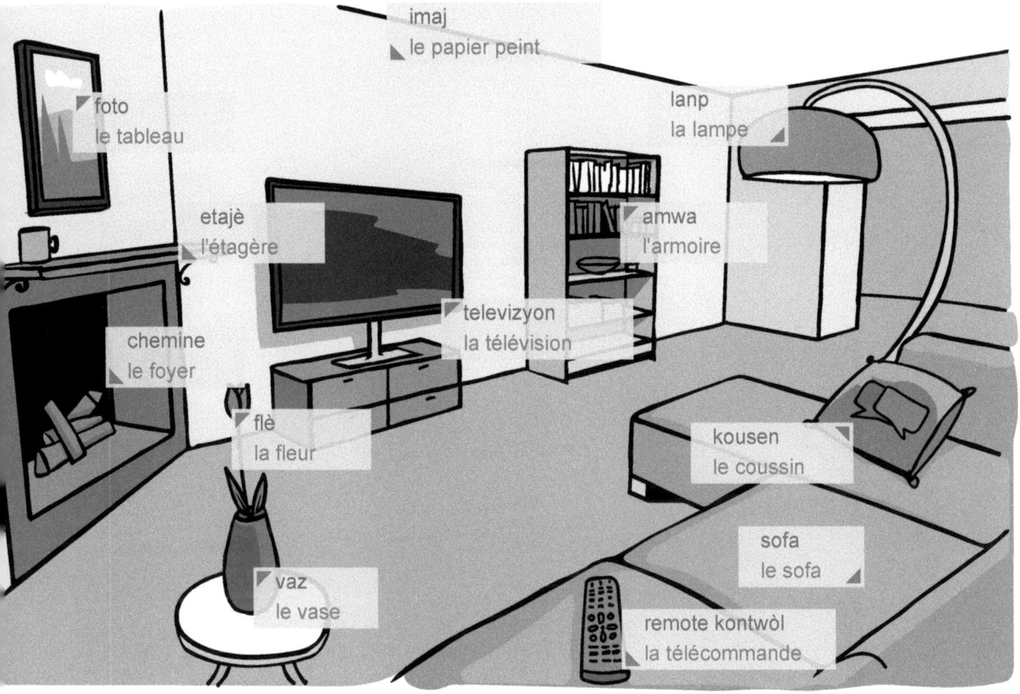

kapèt
le tapis

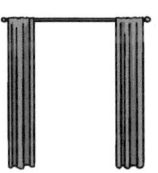

rido
le rideau

tab
la table

chèz
la chaise

dodin
la berceuse

chèz
le fauteuil

salon - la salle de séjour

liv
le livre

dra
la couverte

dekorasyon
la décoration

bwa dife
le bois de chauffage

fim
le film

aparèy mizik
la chaîne hi-fi

kle
la clé

jounal
le journal

penti
la peinture

postè
l'affiche

radyo
la radio

kanè nòt
le bloc-notes

aspiratè
l'aspirateur

kaktis
le cactus

balèn
la chandelle

salon - la salle de séjour

kwizin
la cuisine

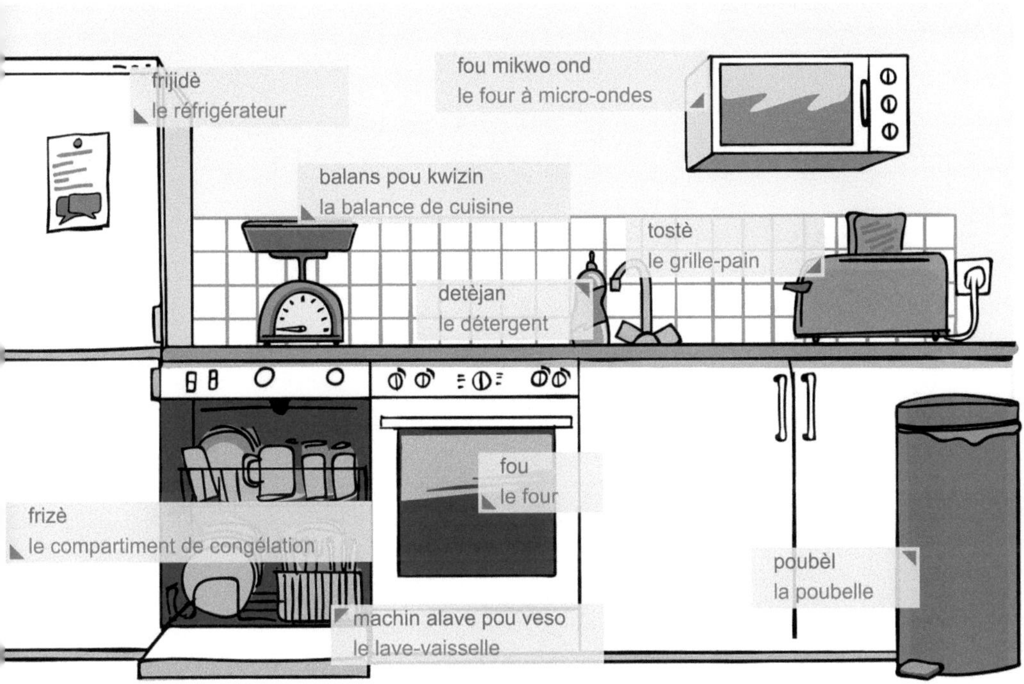

- frijidè / le réfrigérateur
- fou mikwo ond / le four à micro-ondes
- balans pou kwizin / la balance de cuisine
- tostè / le grille-pain
- detèjan / le détergent
- fou / le four
- frizè / le compartiment de congélation
- poubèl / la poubelle
- machin alave pou veso / le lave-vaisselle

fou
la cuisinière

kaswòl
la marmite

mamit
la cocotte en fonte

wok / kadai
le wok/kadai

pwelon
la poêle

kafetyè elektrik pou bouyi dlo
la bouilloire

aparèy kwison a vapè
le cuiseur à vapeur

plato fou
la plaque à patisserie

istansil
la vaisselle

goblè
la grande tasse

bòl
le bol

bagèt
les baguettes

louch
la louche

spatul
la spatule

batez
le fouet

paswa
la passoire

paswa
le tamis

graj
la râpe

mòtye
le mortier

babekyou
le barbecue

dife
le foyer

kwizin - la cuisine

planch kizin

la planche à découper

woulo patisri

le rouleau à pâtisserie

tir bouchon

le tire-bouchon

kanèt

la boîte à conserves

aparèy pou ouvri kanèt

l'ouvre-boîte

gan kwizin

la mitaine de four

lavabo

l'évier

bwòs

la brosse

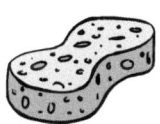

eponj

l'éponge

blendè

le mélangeur

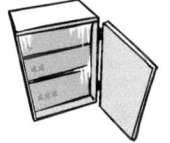

konjelatè

le congélateur

bibon

le biberon

tiyo

le robinet

kwizin - la cuisine

sal de ben
la salle de bains

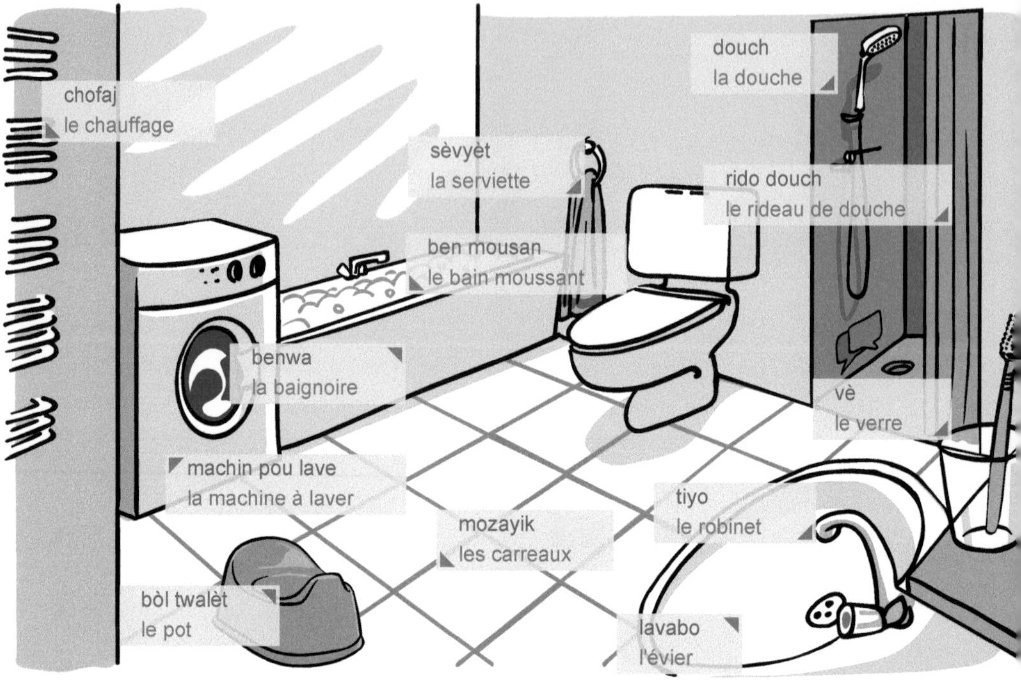

- chofaj / le chauffage
- douch / la douche
- sèvyèt / la serviette
- rido douch / le rideau de douche
- ben mousan / le bain moussant
- benwa / la baignoire
- vè / le verre
- machin pou lave / la machine à laver
- mozayik / les carreaux
- tiyo / le robinet
- bòl twalèt / le pot
- lavabo / l'évier

twalèt
la toilette

twalèt pou koupi
la toilette turque

bidet
le bidet

kote pou pipi
l'urinoir

papye twalèt
le papier hygiénique

bwòs twalèt
la brosse à toilette

bwòs dan
la brosse à dents

pat dantifris
le dentifrice

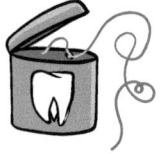

fil dantè
la soie dentaire

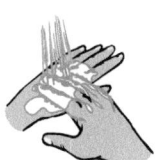

lave
laver

wobinè douch pou kenbe
la douchette

twalèt entim
la douche vaginale

lavabo
la cuvette

bwòs pou do
la brosse pour le dos

savon
le savon

jèl douch
le gel douche

chanpou
le shampooing

gan douch
la débarbouillette

ekoulman
le drain

krèm
la crème

deyodoran
le déodorant

sal de ben - la salle de bains

miwa
le miroir

miwa pòtatif
le miroir à main

razwa
le rasoir

losyon mous pou razaj
la mousse à raser

losyon aprè razaj
l'après-rasage

peny
le peigne

bwòs
la brosse

sechwa
le sèche-cheveux

spre pou cheve
la laque

makiyaj
le maquillage

wouj a lèv
le rouge à lèvres

vèni pou zong
le vernis à ongles

boul koton
l'ouate

tay zong
les ciseaux à ongles

pafen
le parfum

sal de ben - la salle de bains

twous pou douch
la trousse de toilette

bankèt
le tabouret

balans
le pèse-personne

wòb pou chanm
le peignoir

gan kawotchou
les gants de caoutchouc

tampon
le tampon

sèvyèt ijyenik
les serviettes hygiéniques

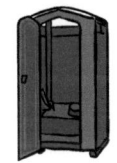

twalèt chimik
la toilette chimique

sal de ben - la salle de bains

chanm timoun

la chambre d'enfant

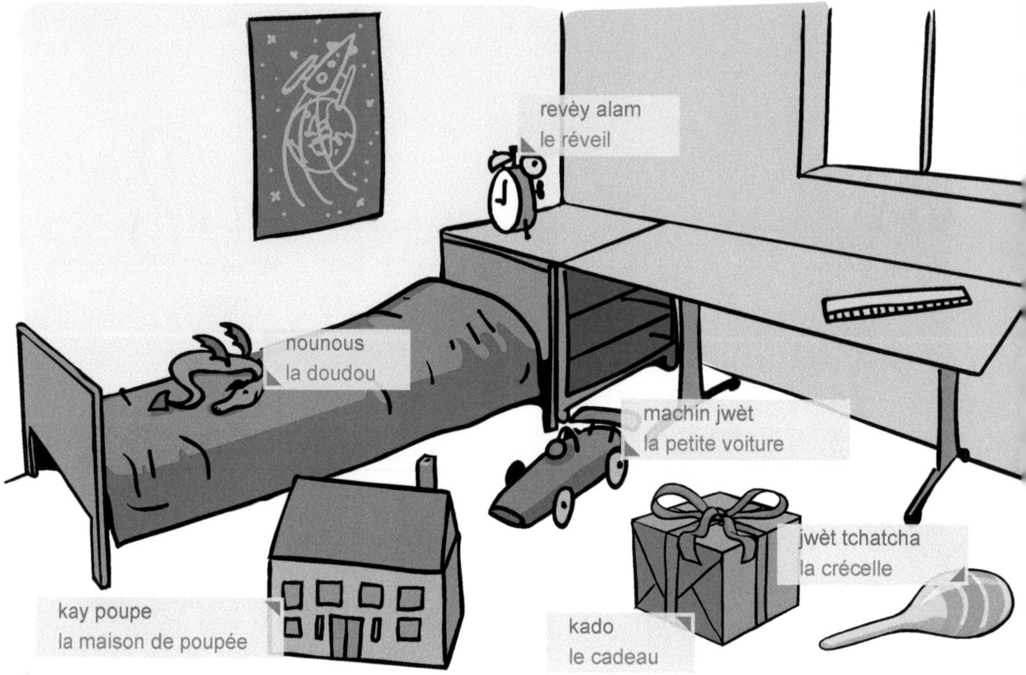

revèy alam
le réveil
nounous
la doudou
machin jwèt
la petite voiture
jwèt tchatcha
la crécelle
kay poupe
la maison de poupée
kado
le cadeau

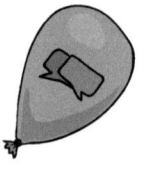

balon

le ballon

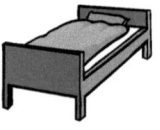

kabann

le lit

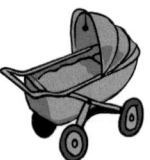

pousèt

le landau

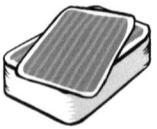

jwèt kat

le jeu de cartes

puzzle

le casse-tête

SUPER MEGA

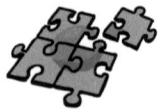

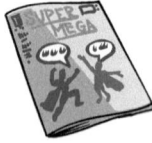

ti komik

la bande dessinée

pyès lego
les blocs LEGO

jwèt blòk konstriksyon
le jeu de briques

ti tonton jwèt
la figurine articulée

rad ti bebe
la dormeuse

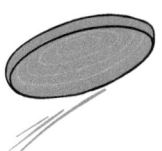

frisbee
le disque volant

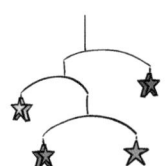

jwèt mobil
le mobile

jwèt sosyete
le jeu de société

jwèt de
le dé

jwèt tren
l'ensemble de modèles de train

sousèt
le mannequin

fèt
la fête

liv ak imaj
le livre d'images

boul
la balle

poupe
la poupée

jwe
jouer

chanm timoun - la chambre d'enfant

bak sab
le bac à sable

balanswa
la balançoire

jwèt
les jouets

jwèt videyo
la console de jeu vidéo

bekàn twa wou
le tricycle

nounous
l'ours en peluche

pandri
la garde-robe

rad
les vêtements

chosèt
les chaussettes

ba
les bas

kolan
le collant

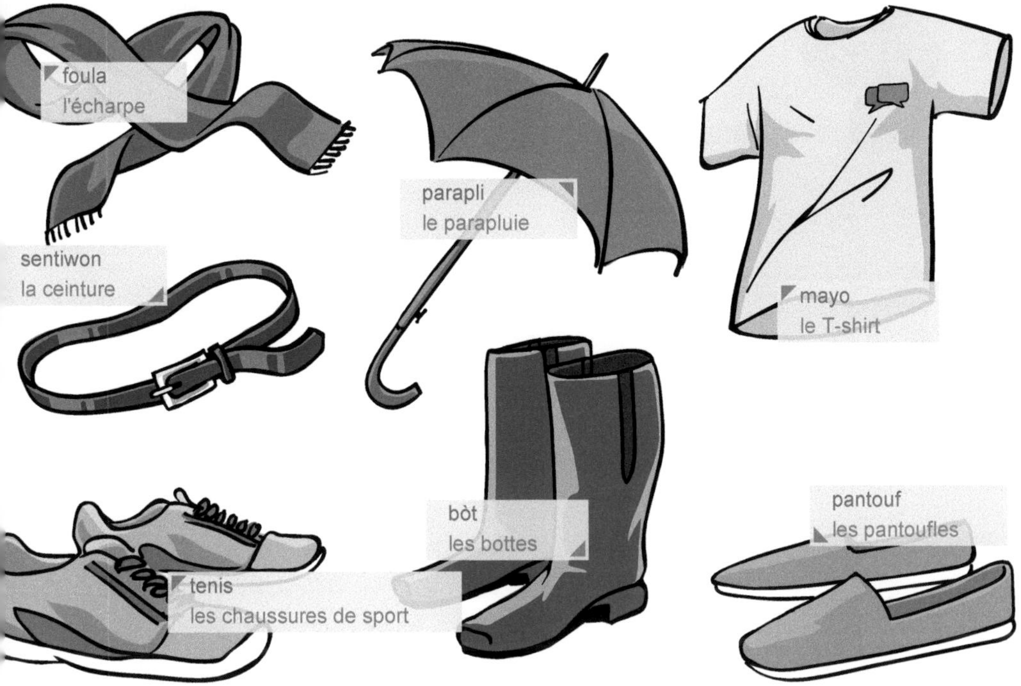

foula
l'écharpe

parapli
le parapluie

mayo
le T-shirt

sentiwon
la ceinture

bòt
les bottes

pantouf
les pantoufles

tenis
les chaussures de sport

sapat
les sandales

soulye
les souliers

bòt kawotchou
les bottes de caoutchouc

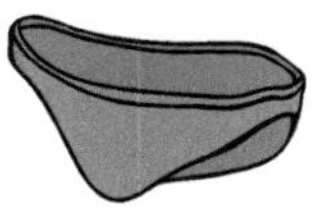

sou vètman
les sous-vêtements

soutyen
le soutien-gorge

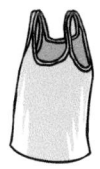

jilè
le gilet

rad - les vêtements

kò
le body

pantalon
le pantalon

pantalon jeans
le jean

jip
la jupe

kòsaj
le chemisier

chemiz
la chemise

jakèt
le chandail

jakèt
le chandail à capuche

vès
le blazer

jakèt
la veste

manto
le manteau

padesi
le manteau de pluie

kostim
le complet

wòb
la robe

rad marye
la robe de mariée

kostim
le tailleur

chemiz de nwi
la chemise de nuit

pijama
le pyjama

sari
le sari

foula
le foulard

turban
le turban

burqa
la burqa

kaftan
le cafetan

abaya
l'abaya

kostim de ben
le maillot de bain

chòt
le maillot short

bout pantalon
la culotte courte

rad spò
le survêtement

tabliye
le tablier

gan
les mitaines

rad - les vêtements

bouton
le bouton

linèt
les lunettes

braslè
le bracelet

kolye
le collier

bag
la bague

zanno
la boucle d'oreille

kepi
la tuque

sèso
le cintre

chapo
le chapeau

kravat
la cravate

zip
la fermeture à glissière

kas
le casque

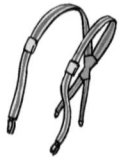
bretèl
les bretelles

inifòm lekòl la
l'uniforme scolaire

inifòm
l'uniforme

rad - les vêtements

bib
le bavoir

sousèt
le mannequin

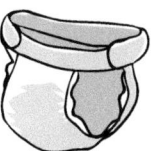

kouch sou bebe
la couche

biwo
le bureau

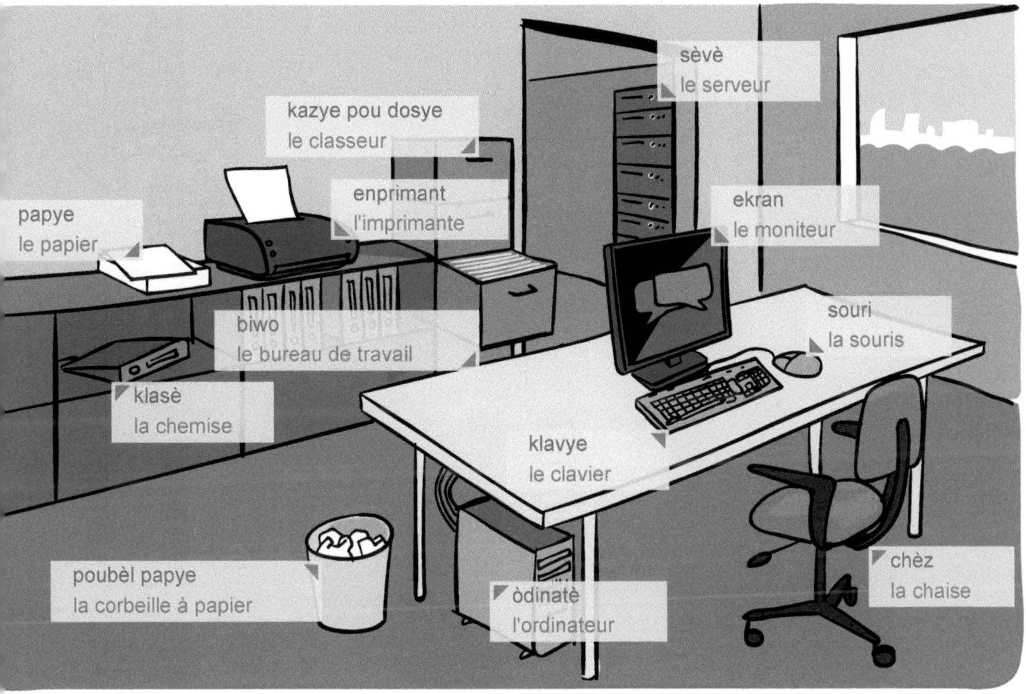

- sèvè — le serveur
- kazye pou dosye — le classeur
- enprimant — l'imprimante
- ekran — le moniteur
- papye — le papier
- biwo — le bureau de travail
- souri — la souris
- klasè — la chemise
- klavye — le clavier
- poubèl papye — la corbeille à papier
- òdinatè — l'ordinateur
- chèz — la chaise

tas kafe
la grande tasse à café

kalkilatris
la calculatrice

entènèt
l'Internet

laptop

l'ordinateur portable

lèt

la lettre

mesaj

le message

pòtab

le téléphone cellulaire

rezo

le réseau

machin fotokopi

le photocopieur

lojisyèl

le logiciel

telefòn

le téléphone

priz pou ploge

la prise de courant

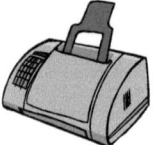

faks machin

le télécopieur

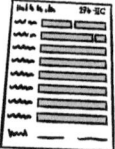

fòm

le formulaire

dokiman

le document

ekonomi
l'économie

achte
acheter

peye
payer

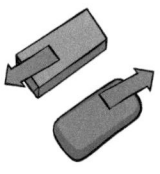

komès
commercer

lajan an
l'argent

dola
le dollar

ewo
l'euro

yen
le yen

rouble
le rouble

fran swis
le franc suisse

yuan renminbi
le renminbi yuan

roupi
la roupie

distribitè otomatik
le distributeur de billets

ekonomi - l'économie

biwo chanj	lò	lajan
le bureau de change	l'or	l'argent

gaz	enèji	pri
le pétrole	l'énergie	le prix
		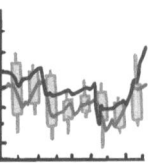
kontra a	taks	aksyon
le contrat	la taxe	les actions

travay	anplwaye	patwon
travailler	l'employé	l'employeur

faktori	boutik	
l'usine	le magasin	

pwofesyon yo
les professions

ofisye lapolis — l'agent de police

ponpye — le pompier

chèf kwizin — le cuisinier

doktè — le docteur

pilòt — le pilote

jadinye
le jardinier

bòs chapant
le charpentier

koutirye
le couturier

jij
le juge

famasyen
le pharmacien

aktè
l'acteur

chofè otobis
le chauffeur d'autobus

chofè taksi
le chauffeur de taxi

pechè
le pêcheur

dam responsab netwayaj
la femme de ménage

bòs ki ranje twati
le couvreur

sèvè
le serveur

chasè
le chasseur

pent la
le peintre

boulanje
le boulanger

elektrisyen
l'électricien

ouvriye
le constructeur de bâtiments

enjenyè
l'ingénieur

bouche
le boucher

plonbye
le plombier

faktè
le facteur

pwofesyon yo - les professions

sòlda
le soldat

achitèk
l'architecte

kesye
le caissier

machann flè
le fleuriste

kwafè
le coiffeur

kontwolè
le chef de train

mekanisyen
le mécanicien

kapitèn
le capitaine

dantis
le dentiste

syantifik
le scientifique

raben
le rabbin

imam
l'imam

mwàn
le moine

prèt
l'ecclésiastique

pwofesyon yo - les professions

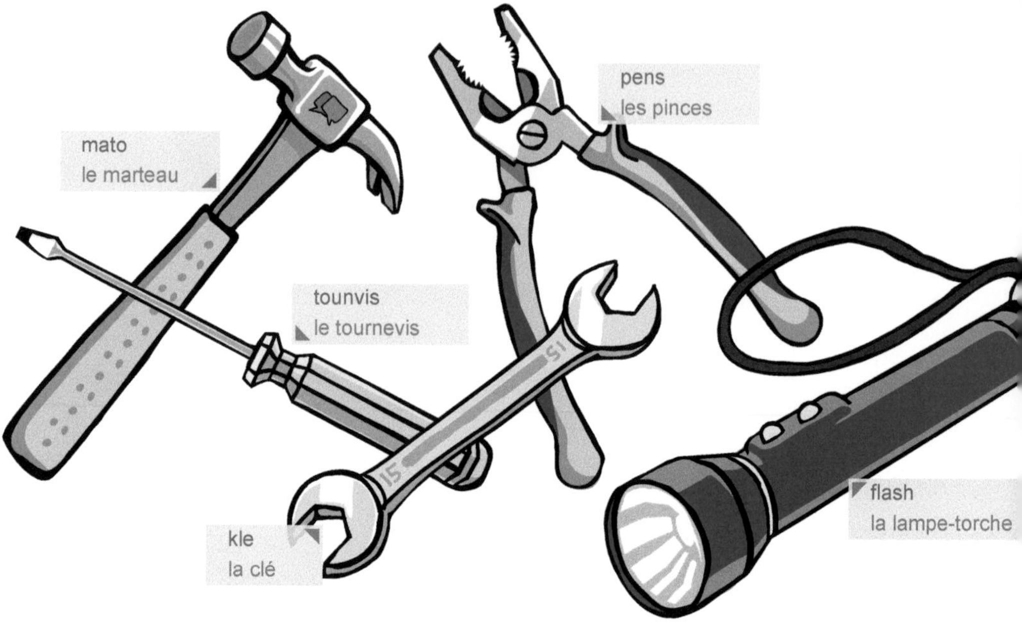

zouti yo
les outils

mato
le marteau

pens
les pinces

tounvis
le tournevis

kle
la clé

flash
la lampe-torche

pèl ekskavatris
l'excavatrice

bwat zouti
la boîte à outils

echèl
l'échelle

siyameto
la scie

klou
les clous

dril
la perceuse

repare
réparer

pèl
la pelle

Kèt!
Tabarnouche !

ramaswa
la pelle à poussière

bokit penti a
le pot de peinture

vis yo
les vis

enstriman mizik yo
les instruments de musique

- batri / la batterie
- opalè / le haut-parleur
- kontre bas / la contrebasse
- twonpèt / la trompette
- gita / la guitare

pyano

le piano

violon

le violon

bas

la basse

tenbal

les timbales

tanbou

le tambour

pyano elektrik

le synthétiseur

saksofòn

le saxophone

flit

la flûte

mikwofòn la

le microphone

zoo
le zoo

- tig / le tigre
- kalòj / la cage
- zèb / le zèbre
- manje bèt / la nourriture pour animaux
- antre a / l'entrée
- panda / le panda

bèt yo
les animaux

elefan
l'éléphant

kangouwou
le kangourou

rinoseròs
le rhinocéros

goril
le gorille

lous
l'ours

chamo
le chameau

otrich
l'autruche

lyon
le lion

makak
le singe

flaman woz
le flamand rose

jako
le perroquet

lous polè
l'ours polaire

pengwen
le pingouin

reken
le requin

pan
le paon

koulèv
le serpent

kwokodil
le crocodile

gadyen zou
le gardien de zoo

fòk
le phoque

jaguar
le jaguar

pone
le poney

leyopa a
le léopard

ipopotam la
l'hippopotame

jiraf
la girafe

malfini
l'aigle

sangliye
le sanglier

pwason
le poisson

tòti
la tortue

mòs
le morse

rena
le renard

gazèl la
la gazelle

zoo - le zoo

espò yo
les sports

aktivite yo
les activités

aktivite yo - les activités

genyen
avoir

fè
faire

vèb èt
être

leve kanpe
être debout

kouri
courir

rale
tirer

voye
jeter

tonbe
tomber

kouche
s'allonger

atann
attendre

pote
porter

chita
s'asseoir

abiye
s'habiller

dòmi
dormir

reveye
se réveiller

aktivite yo - les activités

gade

regarder

kriye

pleurer

karese

caresser

peny

peigner

pale

parler

konprann

comprendre

mande

demander

koute

écouter

bwè

boire

manje

manger

ranje

ranger

renmen

aimer

kwit manje

cuisiner

kondwi

conduire

vole

voler

aktivite yo - les activités

navige
faire de la voile

kalkile
calculer

li
lire

aprann
apprendre

travay
travailler

marye
se marier

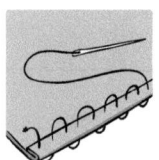
koud
coudre

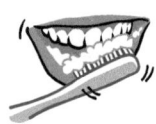
bwose dan
brosser les dents

touye
tuer

fimen
fumer

voye
envoyer

aktivite yo - les activités

fanmi
la famille

- grann / a grand-mère
- granpapa / le grand-père
- papa / le père
- manman / la mère
- bebe / le bébé
- pitit fi / la fille
- pitit gason / le fils

envite
l'invité

matant
la tante

tonton
l'oncle

frè
le frère

sè
la sœur

kò
le corps

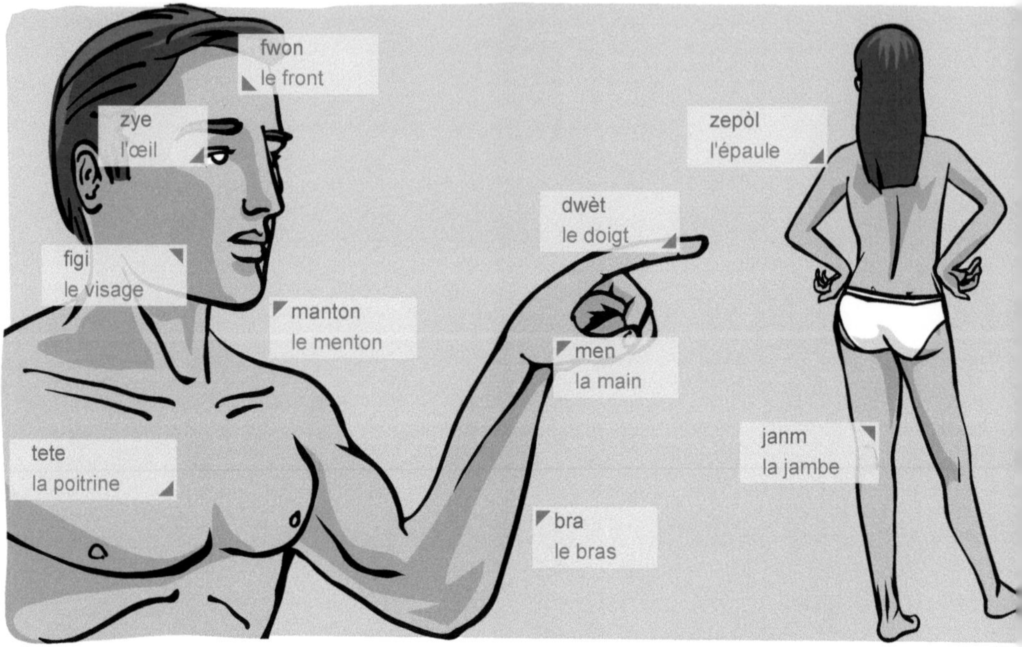

- fwon / le front
- zye / l'œil
- figi / le visage
- manton / le menton
- tete / la poitrine
- dwèt / le doigt
- men / la main
- bra / le bras
- zepòl / l'épaule
- janm / la jambe

bebe
le bébé

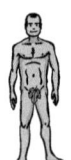

moun
l'homme

fi
la femme

tifi
la fille

gason
le garçon

tèt
la tête

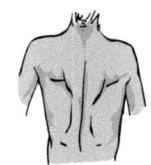

do
le dos

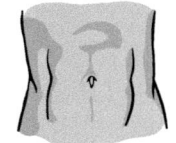

vant
le ventre

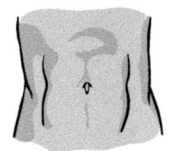

lombrit
le nombril

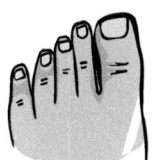

zòtèy
l'orteil

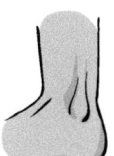

talon pye
le talon

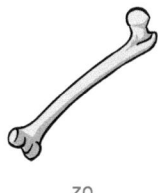

zo
l'os

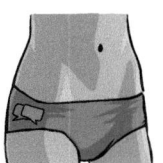

anch
la hanche

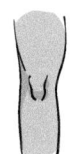

jenou
le genou

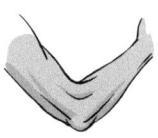

koud
le coude

nen
le nez

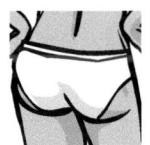

dèyè
le derrière

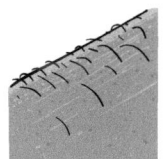

po
la peau

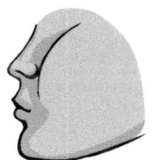

machwè
la joue

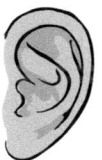

zòrèy
l'oreille

lèv
la lèvre

kò - le corps

bouch
la bouche

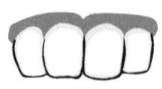
dan
la dent

lang
la langue

sèvo
le cerveau

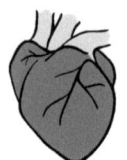
kè
le cœur

misk
le muscle

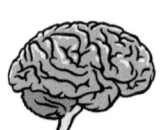
poumon
les poumons

fwa
le foie

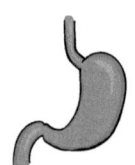
lestomak
l'estomac

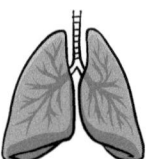
ren
les reins

sèks
le rapport sexuel

kapòt
le condom

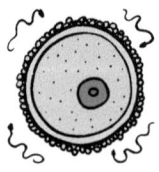
ovil
l'ovule

espèm
le sperme

gwosès
la grossesse

kò - le corps

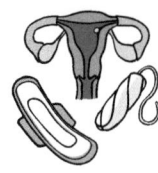
règ
la menstruation

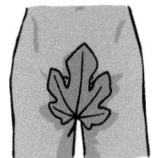
vajen
le vagin

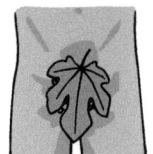
peni
le pénis

sousi
le sourcil

cheve
les cheveux

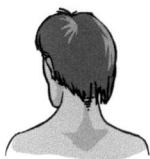
kou
le cou

kò - le corps

lopital
l'hôpital

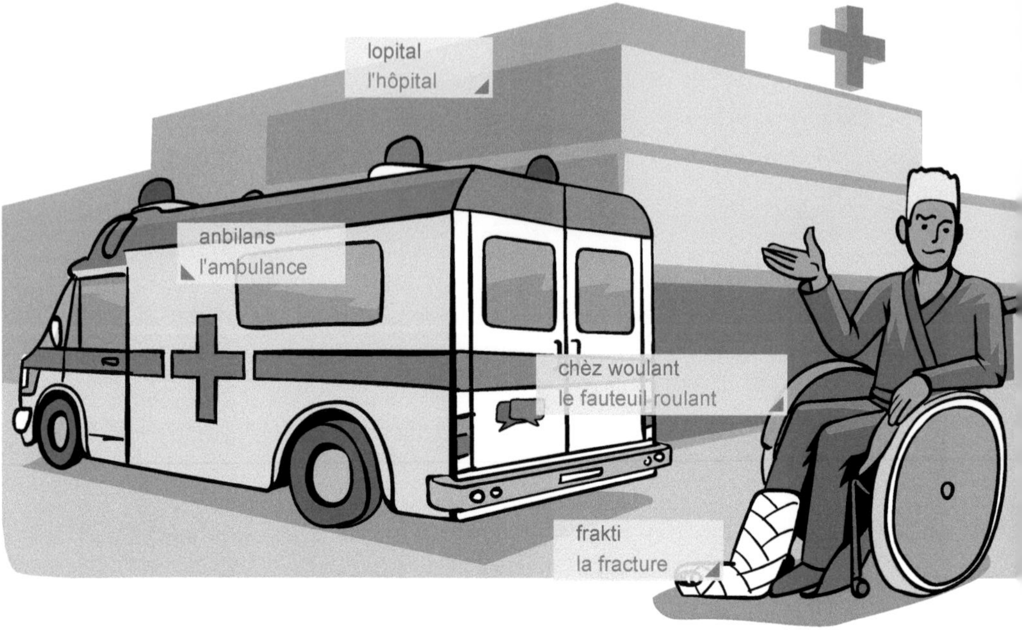

- lopital / l'hôpital
- anbilans / l'ambulance
- chèz woulant / le fauteuil roulant
- frakti / la fracture

doktè
le docteur

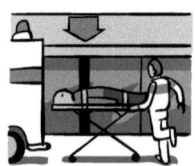

sal ijans
la salle des urgences

enfimyè
l'infirmier

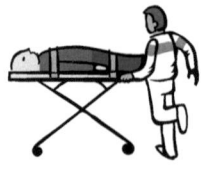

ijans
l'urgence

san konesans
inconscient

doulè
la douleur

aksidan
la blessure

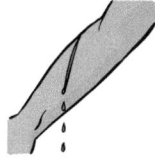
senyen
le saignement

kriz kadyak
la crise cardiaque

estwòk
l'AVC

alèji
l'allergie

tous
la toux

lafyèv
la fièvre

grip
la grippe

dyare
la diarrhée

maltèt
le mal de tête

kansè
le cancer

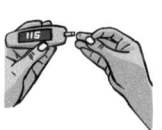
dyabèt
le diabète

chirijyen
le chirurgien

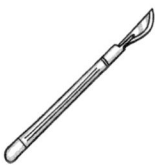
bistouri
le scalpel

operasyon
l'opération

lopital - l'hôpital

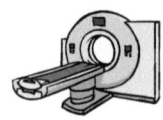

CT
la tomodensitométrie

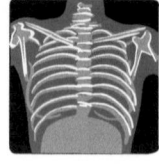

radyografi
la radiographie

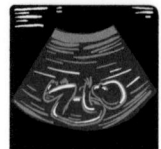

ekografi
l'ultrason

mask figi
le masque

maladi
la maladie

sal datant
la salle d'attente

beki
la béquille

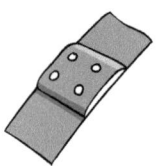

plat
le sparadrap

pansman
le bandage

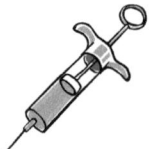

enjeksyon
l'injection

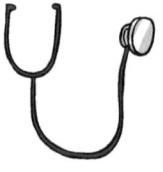

stetoskop
le stéthoscope

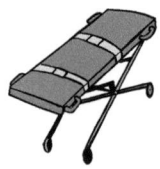

branka
le brancard

tèmomèt klinik
le thermomètre médical

nesans
l'accouchement

ki twò gwo
l'excès de poids

aparèy pou ede tande
l'appareil auditif

dezenfektan
le désinfectant

enfeksyon
l'infection

viris
le virus

VIH / SIDA
le VIH/ le sida

medikaman
le médicament

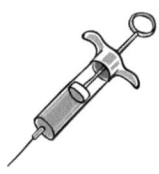
vaksinasyon
la vaccination

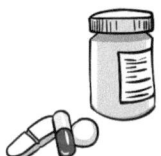
konpime yo
les comprimés

konprime
la pilule

apèl ijans
l'appel d'urgence

kontwole san presyon
le tensiomètre

malad / an sante
malade / en bonne santé

lopital - l'hôpital

ijans
l'urgence

Sekou!
Au secours !

alam
l'alarme

atak
l'assaut

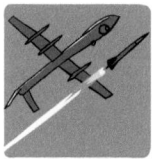

atak
l'attaque

danje
le danger

sòti dijans
la sortie de secours

Dife!
Au feu!

ekstenktè
l'extincteur

aksidan
l'accident

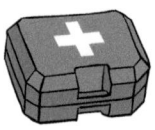

kit premye swen
la trousse de premiers soins

SOS
SOS

lapolis
la police

latè
la Terre

Ewòp
l'Europe

Amerik di Nò
l'Amérique du Nord

Amerik di sid
l'Amérique du Sud

Lafrik
l'Afrique

Lazi
l'Asie

Ostrali
l'Australie

Oseyan Atlantik
l'océan Atlantique

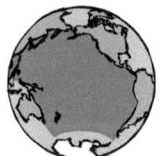
Oseyan Pasifik
l'océan Pacifique

Oseyan Endyen
l'océan Indien

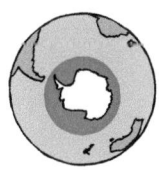
Oseyan Antatik
l'océan Antarctique

Oseyan aktik
l'océan Arctique

Pol Nò
le Pôle Nord

Pol Sid
le Pôle Sud

Antatik
l'Antarctique

latè
la Terre

peyi
la terre

lanmè
la mer

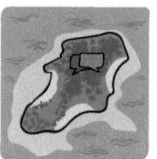

zile
l'île

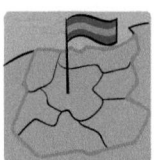

nasyon
la nation

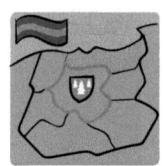

eta
l'État

lè
l'heure

kadran

le cadran

egwi èdtan

l'aiguille des heures

egwi minit

l'aiguille des minutes

egwi segond

l'aiguille des secondes

Kilè li ye ?

Quelle heure est-il ?

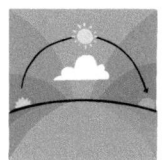

jou

le jour

tan

le temps

kounye a

maintenant

mont dijital

la montre à affichage numérique

minit

la minute

lè

l'heure

semèn nan
la semaine

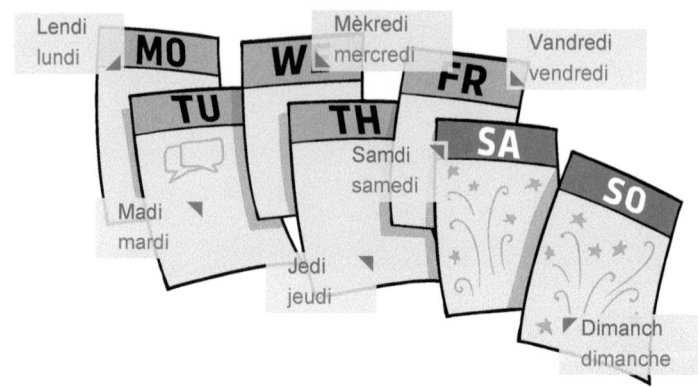

Lendi / lundi
Madi / mardi
Mèkredi / mercredi
Jedi / jeudi
Vandredi / vendredi
Samdi / samedi
Dimanch / dimanche

yè — hier

jodi — aujourd'hui

demen — demain

maten — le matin

midi — le midi

aswè a — le soir

jou travay yo — les jours ouvrables

wikenn — la fin de semaine

ane
l'année

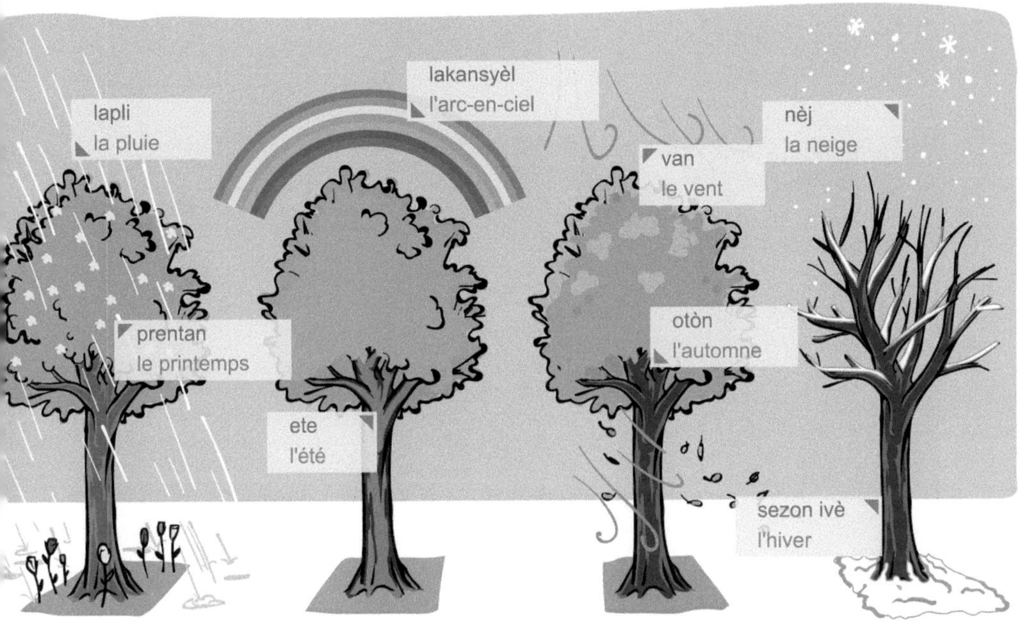

lapli
la pluie
lakansyèl
l'arc-en-ciel
nèj
la neige
van
le vent
prentan
le printemps
otòn
l'automne
ete
l'été
sezon ivè
l'hiver

4.APRIL 11°
5.APRIL 4°
6.APRIL 13°
7.APRIL 8°
8.APRIL 10°

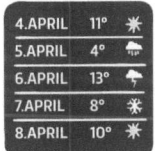

move tan
les prévisions météorologiques

F C
120 40
90 30
60 20
30 10
0 0
-30 -10
-20

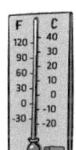

tèmomèt
le thermomètre

limyè solèy la
les rayons du soleil

nyaj
le nuage

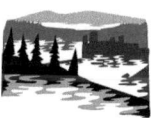

bwouya
le brouillard

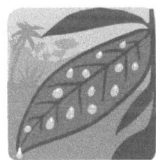

imidite
l'humidité

zeklè
la foudre

loraj
le tonnerre

tanpèt
la tempête

lagrèl
la grêle

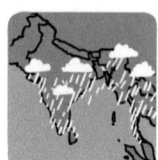

mouson
la mousson

inondasyon
l'inondation

glas
la glace

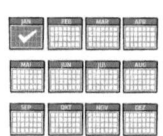

Janvye
janvier

Fevriye
février

Mas
mars

Avril
avril

Me
mai

Jen
juin

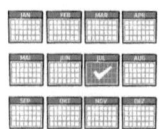

Jiyè
juillet

Daout
août

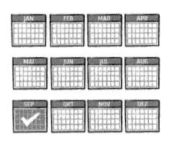
Septanm
septembre

Oktòb
octobre

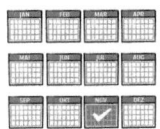
Novanm
novembre

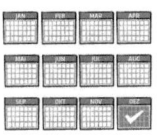
Desanm
décembre

fòm yo
les formes

sèk
le cercle

kare
le carré

rektang
le rectangle

triyang
le triangle

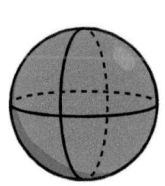
esfè
la sphère

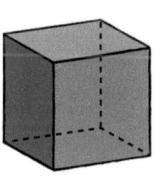
kib
le cube

koulè yo
les couleurs

blan
blanc

jòn
jaune

oranj
orange

woz
rose

wouj
rouge

vyolè
violet

ble
bleu

vèt
vert

mawon
marron

gri
gris

nwa
noir

kontrè yo
les opposés

anpil / on ti kras
beaucoup / un peu

fache / kalm
en colère / calme

bèl / lèd
beau / laid

kòmansman / lafen
le début / la fin

gwo / piti
grand / petit

klè / fonse
lumineux / sombre

frè / sè
le frère / la sœur

pwòp / sal
propre / sale

konplè / enkonplè
complet / incomplet

lajounen / lanwit
le jour / la nuit

mouri / vivan
mort / vivant

laj / etwat
large / étroit

yo ka manje / yo paka manje

comestible / non comestible

mechan / jantiy

méchant / gentil

kè kontan / raz

être enthousiaste / s'ennuyer

gra / mèg

gros / mince

premye / dènye

le premier / le dernier

zanmi / lènmi

l'ami / l'ennemi

plen / vid

plein / vide

di / mou

dur / mou

lou / lejè

lourd / léger

grangou / swaf

faim / soif

malad / an sante

malade / en bonne santé

ilegal / legal

illégal / légal

entèlijan / estipid

intelligent / stupide

gòch / dwat

gauche / droite

tou pre / lwen

proche / loin

kontrè yo - les opposés

tou nèf / sèvi deja

neuf / usagé

anyen / kèkchoz

rien / quelque chose

vye / jenn

vieux / jeune

limen / etèn

marche / arrêt

louvri / fèmen

ouvert / fermé

silans / fè bri

calme / bruyant

rich / pòv

riche / pauvre

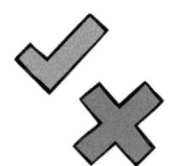

kòrèk / enkòrèk

correct / incorrect

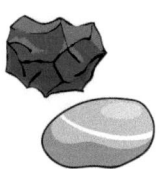

ki graj / ki lis

rugueux / lisse

tris / kontan

triste / heureux

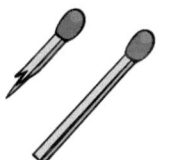

kout / long

court / long

ralanti / vit

lent / rapide

mouye / sèk

mouillé / sec

cho / frèt

chaud / froid

lagè / lapè

la guerre / la paix

kontrè yo - les opposés

chif yo
les nombres

0
zewo
zéro

1
youn
un

2
de
deux

3
twa
trois

4
kat
quatre

5
senk
cinq

6
sis
six

7
sèt
sept

8
uit
huit

9
nèf
neuf

10
dis
dix

11
onz
onze

12

douz
douze

13

trèz
treize

14

katòz
quatorze

15

kenz
quinze

16

sèz
seize

17

disèt
dix-sept

18

dizwit
dix-huit

19

diznèf
dix-neuf

20

ven
vingt

100

san
cent

1.000

mll
mille

1.000.000

milyon
le million

lang yo
les langues

Anglè
l'anglais

Anglè Ameriken
l'anglais américain

Chinwa Mandaren
le chinois mandarin

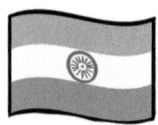

Hindi
le hindi

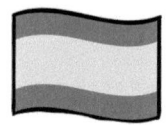

Panyòl
l'espagnol

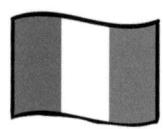

Franse
le français

Arab
l'arabe

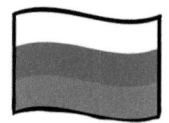

Ris
le russe

Pòtigè
le portugais

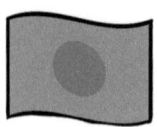

Bengali
le bengali

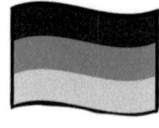

Alman
l'allemand

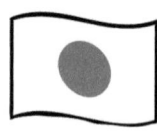

Japonè
le japonais

kiyès / kisa / kijan
qui / quoi / comment

Mwen
je

ou
tu

li
il / elle / ce, c', cela

nou
nous

nou/ ou
vous

yo
ils / elles

kiyès?
qui ?

kisa?
quoi ?

kijan?
comment ?

kibò?
où ?

kilè?
quand ?

non
le nom

kibò
où

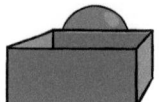

dèyè

derrière

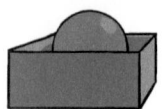

nan

dans

devan

devant

sou tèt

au-dessus

sou

sur

anba

en dessous

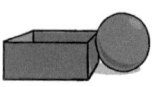

bò kote

à côté de

nan mitan

entre

kote

l'endroit